SOUVENIRS

D'UN VOYAGE

FAIT

EN NORMANDIE ET A JERSEY

EN 1815.

PARIS.

—

MDCCCXLIX.

Imprimerie de Plon frères, rue de Vaugirard, 26.

SOUVENIRS D'UN VOYAGE

FAIT

EN NORMANDIE ET A JERSEY

EN 1845.

A la suite des événemens de 1814 et de 1815, la plupart des maisons de commerce de Paris furent obligées de réduire leur personnel ; beaucoup de jeunes gens se trouvèrent sans emploi, et je fus du nombre.

Privé, ainsi, d'une bonne table et de mes appointemens, n'ayant pu faire que peu ou point d'économies, je dus donner congé d'une chambre que j'occupais rue du Foin Saint-Jacques ; puis, je portai mes meubles et mon appétit dans la maison paternelle.

Je n'avais donc rien autre chose à faire qu'à battre le pavé, ce dont j'usais largement.

Dans mes courses, je renouai une liaison qui remontait aux premières années de mon enfance; j'allai voir au séminaire de Saint-Sulpice un ancien camarade de classe avec lequel j'avais été enfant de chœur, nommé L..., né la même année que moi, et alors sous-diacre; je le vis chaque semaine, soit à Paris, soit à Issy où est située la maison de campagne du séminaire.

L... était aimable, avait de l'esprit, trop peut-être, et beaucoup d'instruction.

La journée de Waterloo arriva, et après elle le départ de Napoléon, ainsi que la rentrée des Bourbons; l'occupation de la France par les armées coalisées ne ramena pas les affaires; j'étais oisif, et cette vie me déplaisait. J'eus alors l'idée de voyager. Où ? cela m'était indifférent, mais sans argent, cela était difficile.

Tout naturellement, je fis part de mon projet à l'abbé L... qui, loin de m'en détourner, y applaudit, et, de plus, m'offrit d'être mon compagnon de route pendant le temps de ses vacances. Je fus enchanté de cette proposition. De ce moment, nous n'eûmes plus qu'un sujet d'entretien, celui de trouver les moyens d'accomplir ce voyage.

Premier point. — Où irons-nous ?

— Voir la mer.

— A quel endroit ?

— A Granville (Manche).

Voici pourquoi Granville fut choisi : J'avais fait la connaissance, à Paris, d'un jeune médecin de Jersey ; j'eus l'occasion de lui rendre quelques légers services, en lui expédiant des instrumens ou des médicamens nécessaires à sa profession, il en était résulté une sorte d'intimité assez bien établie, pour qu'il me pressât de venir le visiter dans son île ; l'occasion me parut excellente, et L... n'y fit alors aucune objection.

Deuxième point, point capital ! de l'argent !

Je pouvais en vendant quelques bouquins, qui formaient ma bibliothèque, réaliser une somme de 30 à 40 francs, voilà pour moi.

L'abbé trouvait dans la vente de vieilles soutanes et de livres d'études réformés, plus, quelque monnaie de poche, une somme à peu près équivalente, ensemble 70 ou 80 fr. Peut-on, avec cela, parcourir 150 lieues de terre et 20 lieues de mer ? C'est L... qui se charge de répondre à cela, en disant qu'il espère et croit pouvoir compter sur l'hospitalité qui nous se-

ra offerte par les curés que nous rencontre-
rons sur la route. — *Amen*.

Tout fut fait comme il avait été dit :

La veille de notre départ, nous fîmes l'in-
ventaire de nos fonds, qui, déduction faite du
prix des passeports, s'élevaient à 52 fr. Cette
somme ne nous faisait pas riches; mais nous
avions 21 ans, et nous nous reposions sur la
Providence et sur les curés.

2 septembre 1815.

De Paris à Mantes.

Enfin, le 2 septembre 1815, à 6 heures du matin, et par le plus beau soleil de l'année, nous partîmes légers de bagage (1) et d'argent,

---

(1) Nous ne portions avec nous qu'un petit sac renfermant un peu de linge et quelques ustensiles de toilette. J'avais remis à la diligence en destination pour Granville, une petite malle qui con-

mais joyeux de penser que nous allions au-
delà de l'horizon des Parisiens, limites que ni
l'un ni l'autre n'avions encore franchies.

Avant de se mettre en route, il n'est pas
inutile de faire ici le portrait des deux voyageurs.

L'abbé L...,—taille moyenne, charpente déli-
cate, chargée d'un embonpoint trop facilement
fusible, tête petite, légèrement inclinée sur
l'épaule droite, cheveux châtains très épais et
frisés, œil vif, malin et questionneur, bouche
petite, lèvres minces à sourire narquois.

Moi,—plus petit de taille, ni gras, ni maigre,
figure qu'on croit toujours reconnaître, parce
qu'on en voit partout de semblable, marchant

---

tenait les habits dont je comptais me servir à
Jersey. L..., qui avait eu beaucoup de peine à se
former au costume laïque n'avait, en fait de gar-
de robe, que ce qu'il portait sur lui.

comme un cerf, jouissant de tout, trouvant tout bien et tout bon, pensant peu et chantant sans cesse.

La première halte se fit à Saint Germain-en-Laye; un morceau de petit salé, un verre de vin du cru, et nous repartons.

De Saint-Germain à Poissy et de Poissy à Triel, nous réglâmes la marche à suivre près des curés, pour obtenir d'eux l'hospitalité. Après une discussion fort longue, il fut convenu que ce serait moi qui porterais la parole en ces termes :

« Monsieur le curé, nous sommes deux élèves du séminaire de Paris; nous nous rendons à Granville à pied, et forcés que nous sommes de prendre nourriture et gîte dans les auberges, nous vous prions de vouloir bien nous indiquer un lieu où nous puissions demeurer décemment. »

Voilà la formule que je devais répéter tout le long de la route et sans aucune variante.

Il pouvait être une heure après midi, lorsque nous passâmes à Triel, le déjeûner de Saint-Germain était oublié, et sans aller jusqu'à Meulan, ville qui partageait mieux la distance que nous avions à parcourir, nous décidâmes de tenter de dîner dans le lieu même où la faim se faisait sentir.

On nous indique la maison curiale, et bientôt nous nous trouvons devant le maître du logis, un grand homme sec, ni jeune, ni vieux, mauvaise figure, œil soupçonneux ; je débite ma harangue. Le curé écoute sans interrompre, nous regarde l'un après l'autre avec cet œil que j'avais remarqué, puis, nous invite à le suivre ; nous obéissons. Arrivés au milieu du chemin, il allonge son grand bras dans la direction de Meulan, et nous dit :

— Là-bas! à l'extrémité de la ville, vous trouverez l'auberge du Soleil-d'Or, entrez-y, vous y serez parfaitement traités..... Bon voyage, messieurs !...

Nous avions de singulières figures, l'abbé et moi, lorsque nous nous regardâmes après avoir quitté ce bourru; nous éprouvâmes comme un commencement de découragement ; mais la gaîté de l'âge prit le dessus, un rire fou nous conduisit jusqu'à Meulan, où, je l'avoue, je n'étais plus tenté de renouveler l'épreuve d'un début aussi malheureux ; cependant L... parvint à vaincre ma répugnance, et nous grimpâmes la côte sur laquelle est située l'église.

La maison du curé était proche, nous entrons, nous demandons à une servante si son maître était visible.

— « Non, messieurs, monsieur le curé va se mettre à table, et pour rien au monde je n'annoncerais personne en ce moment. »

Nous insistons, en assurant cette fille que nous n'avions qu'un simple renseignement à demander à M. le curé.

— « Non, messieurs, cela ne se peut pas, et tenez, voilà mon rôti qui brûle ! »

La servante haussait le ton à mesure qu'elle parlait, tellement qu'elle fut entendue de l'intérieur.

Le curé de Meulan parut à la porte de la salle à manger, la serviette nouée sous le menton : un beau et gras vieillard, l'air bon et gai.

— « Qu'est-ce donc, ma bonne ? à qui en avez-vous ? »

Alors, sans laisser à la cameriste le temps de répondre, je commençai par faire force excuses à M. le curé de l'avoir interrompu au milieu de son dîner, et je glissai ma harangue

intéressée. Le bonhomme m'écoutait en sou-
riant et en clignant les yeux.

— « Messieurs, nous dit-il, je voudrais bien
vous donner le renseignement que vous dési-
rez; mais je vous avoue que je ne prendrai
pas la responsabilité que vous réclamez de
moi; un lieu public, quel qu'il soit, convient
peu à des séminaristes, et je suis désolé de ne
pas connaître dans ce pays une maison de ce
genre qui soit digne de vous recevoir. »

Une sueur froide me parcourut le corps pendant ce petit discours, et croyant bien n'avoir
plus rien à faire qu'à saluer M. le curé et gagner au plus vite une auberge quelconque, je
m'inclinais déjà, quand le malin vieillard reprit, toujours en clignant les yeux :

— « Mais ce n'est pas une raison, parce que
des jeunes gens comme vous ne peuvent, sans
risques, habiter une hôtellerie, pour qu'ils se

passent de dîner ; or, voici le mien, qui sera aussi le vôtre, si vous y consentez ? »

Apparemment que le brave homme se douta que nous consentions, car il n'attendit pas notre adhésion et dit :

— « Marie, apportez deux couverts et rapportez le potage. Entrez, mes amis, et mettons-nous à table. »

Un criminel, qui vient d'obténir sa grace, n'éprouve pas une joie pareille à celle que je ressentis en entendant de si bonnes paroles ; j'aurais embrassé ce bon prêtre si je l'avais osé. L..., plus réservé et plus maître de lui, eut le courage de faire des façons ; j'avais déjà la serviette à la boutonnière qu'il en faisait encore.

— « Allons donc, jeune homme, dit le curé, est-ce qu'il n'est pas tout simple que les

nouveaux trouvent asile chez les anciens ?
Allons ! allons ! mettez-vous à côté de moi,
là, sans façon, et faites comme votre ami.
(L'ami était déjà fort occupé.) J'aime à rire un
peu, et je serais trop puni si vous me laissiez
voir que vous ne croyez pas à la sincérité de
mon invitation. »

Le dîner fut très bon et se passa gaîment.
Le curé nous fit cent questions auxquelles L...,
seul répondait. Quant à moi, il avait été convenu entre nous, qu'aussitôt le discours d'in-
troduction prononcé, je ne devais plus ouvrir
la bouche que pour manger, ou tout au plus
quand on m'interpellerait directement. L...,
toujours prudent, craignait mes naïvetés, et
moi, qui ne tenais pas du tout à parler, je
trouvais le rôle qui m'était assigné très suf-
fisant.

Nous prîmes congé de notre bon curé aussitôt après le repas, pour reprendre la route de Mantes.

Une marche de douze lieues, pour des gens qui n'en ont pas l'habitude, est une tâche assez rude; aussi étions-nous très fatigués en arrivant à Mantes-la-Jolie. Avant d'entrer dans la ville, nous fîmes une espèce de toilette au bord de la Seine. Après quoi, et cette fois sans hésiter, nous allâmes droit au presbytère; il s'agissait non seulement de souper, mais encore de coucher. Il faisait presque nuit.

Notre surprise fut grande en entrant dans la cour qui précède la maison, de la trouver transformée en un véritable bivouac. Ce fut avec une peine infinie que nous parvînmes à l'appartement du curé. On nous fit entrer, et nous aperçûmes, plongé dans un fauteuil, un petit vieillard, plus qu'octogénaire, qui nous fit le plus gracieux accueil.

Lorsque mon verset fut achevé, le bon vieillard s'écria, en levant les yeux au ciel :

—«Que je suis malheureux, ô mon Dieu! de ne pouvoir abriter dans ma maison deux Lévites du Seigneur. Dans une intention bien légitime, j'ai réclamé autant de soldats que mon logis en peut contenir, afin d'en épargner quelques uns à mes paroissiens, de sorte qu'il ne me reste ni une chambre ni un lit à vous offrir ; mais il ne sera pas dit que je n'aurai pas fait tout ce qu'il est en mon pouvoir de faire, pour répondre au vœu que vous m'avez exprimé. Je vais avec votre aide, mes enfans, vous conduire dans une hôtellerie où, sur ma recommandation, vous serez traités comme il vous conviendra de l'être. »

— Mais ce n'est pas ça du tout, fis-je tout bas à L.....; il me fit signe de me taire ; je me tus.

L'auberge où nous allions était située à l'extrémité de Mantes, à l'endroit où commence
la route qui conduit à Rosny. Le bon curé
marchait avec peine, et, malgré notre soutien,
nous mîmes bien une demi-heure pour arriver, au Cheval-Blanc.

L'entrée du curé mit en émoi toute la maison ; la maîtresse accourut pour savoir ce qui
lui procurait une visite si honorable, et à pareille heure.

—« Rassurez-vous, ma bonne, » dit le curé,
« tout va bien ; dès demain, tous ces gens de
guerre quitteront la ville, et nous reprendrons
notre vie habituelle. Mais ce n'est pas ce sujet
qui m'amène. Voici deux jeunes gens que je
ne puis recevoir chez moi ; je vous les confie,
et je désire qu'ils trouvent chez vous les soins
que j'aurais été bien heureux de leur donner.
—Allons, mes amis, vous devez être fatigués ;
faites-vous conduire dans la chambre où vous

passerez la nuit, et je vous engage à vous y faire servir votre souper. Bonsoir donc, mes chers enfans, et ne m'oubliez pas dans vos prières. »

Nous remerciâmes le digne homme; et, après lui avoir fait nos adieux, nous suivîmes ses instructions. Montés dans notre chambre, nous le vîmes qui s'en retournait chez lui, appuyé sur le bras d'un domestique porteur d'un fallot.

—«Nous voilà bien avancés ! dis-je à L..., en examinant l'ameublement de notre chambre; où diable ce brave homme a-t-il eu la tête de nous faire loger ici ? Vois-tu ces lits somptueux, ces fauteuils ? nous allons dépenser ici la moitié de notre argent.

—«Que veux-tu, mon cher ! nous en serons quittes pour abréger notre voyage. C'est chose

faite, et je ne voudrais pas faire, à ce bon curé, l'injure de choisir un autre gîte. »

Ce fut bien pis, lorsqu'au bout d'un quart
d'heure on vint dresser notre couvert et servir
le repas; linge damassé, bougie, potage, entrée, poulet rôti, entremets, salade, dessert, vin
ordinaire et vin supérieur, café, liqueur !

— « Ah ! pour le coup, notre affaire est claire... nous sommes ruinés ! Voilà un souper
de 25 francs, ou je ne m'y connais pas. Ma
foi, au petit bonheur ! Nous avons faim, man-
geons; et à demain les soucis ! »

Deux heures après, nous étions chacun dans
un bon lit, bien douillet, où nous trouvâmes,
avec le sommeil, l'oubli de toutes choses.

De Mantes à Evreux.

Le lendemain, au point du jour, nos réflexions n'étaient pas gaies; il fallait revenir
sur nos pas : cela paraissait évident. Nous
descendons, et la première personne qui s'offre à nous est la maîtresse de la maison.

— « Déjà levés! messieurs. Comptez-vou
donc vous remettre en route aussitôt ?

— » Oui, madame. Veuillez nous dire combien nous vous devons.

— »Oh ! ce sera bientôt fait. Mais entrez dans la salle, on va vous servir du café à la crême; il ne faut pas s'exposer, à jeûn, à l'air du matin. — Marie, servez ces messieurs, et vite !

— » Allons, rien n'y manquera. Nous sompris pour des princes déguisés ; résignonsnous. »

Le café pris, nous demandons que l'on nous donne enfin notre compte.

— « Ah ça, dit l'hôtesse qui revint vers nous, vous voulez rire, n'est-ce pas ? Je croyais que des jeunes gens de votre état ne plaisantaient jamais, surtout avec les femmes. Mais c'est égal, après tout ; vous pouvez être sincères. — Sachez donc, que vous ne me devez rien du tout ; que c'est notre bon et digne curé qui paiera votre dépense, et qu'il me reprochera peut-être de ne vous avoir pas assez bien traités ; cependant, j'ai fait de mon mieux, etc., etc.»

Notre satisfaction fut grande en entendant ce langage consolateur. Nous remerciâmes cette brave femme, sans cependant lui laisser voir tout l'étonnement que nous éprouvions.

Une fois sur la route, nous laissâmes éclater notre joie. — Vivent les curés ! dîmes-nous en chœur. Vive à jamais le curé de Mantes !

Notre courage était revenu, et sans un mal de pied survenu à L...., nous n'aurions pas eu le moindre souci sur le résultat de notre voyage.

Evreux était la ville où nous devions coucher ; treize lieues à faire ! L'abbé boitait tout bas ; cependant il allait toujours ; nous déjeû-

nâmes sur la côte de Rolleboise, dans un ca-
baret borgne.

De Rolleboise à Pacy, nous fîmes rencontre
d'un postillon qui ramenait des chevaux dans
cette dernière ville. Voulant soulager L..., je
demandai à cet homme s'il voulait permettre
à mon ami de monter l'un de ses bidets.

— « Montez tous les deux, mes enfans, si le
cœur vous en dit. Et, au trot. »

Nous nous hissons, pour la première fois de
notre vie, sur des chevaux durs comme du
bois, et portant, en guise de selle, des harnais
et des cordages dont le contact était peu agréa-
ble. Nous fîmes deux lieues ainsi ; notre homme, pour éviter d'être réprimandé à la poste,
s'arrêta devant un bouchon, à portée de fusil
de Pacy ; là, nous reconnûmes le service ren-
du par un pot de cidre, et tout fut dit entre
nous.

De Pacy à Evreux, la route était couverte de soldats prussiens et bavarois, qui allaient tenir garnison dans le chef-lieu du département de l'Eure.

L... accosta un officier et lia conversation avec lui en latin, jusqu'au moment où une halte nous força de quitter sa compagnie.

Trois ou quatre lieues avant d'arriver à E-vreux, nous rencontrâmes une foule de paysans qui, sortant d'un village voisin, débouchaient sur la grand'route ; au centre du rassemblement était une charrette dans laquelle on voyait un jeune homme debout et garotté ; à ses pieds, un corps humain, recouvert de feuillage ; des soldats étrangers protégeaient la marche du convoi.

Voici ce qui avait donné lieu à cette scène : un détachement de troupes alliées, cantonné dans cette contrée, vivait aux dépens des ha-

bitans et les maltraitaient ; que pouvaient de
malheureux paysans contre une troupe qui a
l'insolence que donne la victoire? Ils souf-
fraient, contribuaient et dévoraient en silence
toutes sortes de vexations. Cependant il arriva
qu'un soldat mécontent de l'ordinaire qu'il re-
cevait dans la chaumière où il était logé, inju-
ria et frappa son hôtesse pour la forcer de lui
donner ce qu'il désirait ; la pauvre femme, â-
gée et infirme, seule en ce moment, fut ren-
versée sous les pieds du brutal. Sur ces en-
trefaites, le fils de la maison, de retour des
champs, parut au seuil du logis. Voir l'action
du soldat, sa mère étendue sur le sol, se pré-
cipiter sur une coignée, la seule arme qui fut
à sa portée, et abattre d'un seul coup son en-
nemi, fut l'affaire d'un instant. Arrêté pres-
qu'aussitôt par le poste qui gardait le village,
on le mit en compagnie du défunt sur sa propre charrette, pour être conduit à Evreux, où
résidait le général étranger commandant le
département.

Nous sûmes plus tard que le général, après avoir entendu les dépositions des témoins, avait blâmé la conduite du soldat, gracié le paysan, et donné l'ordre à la troupe d'évacuer le village, en promettant, pour réparation du mal qui avait été fait, que désormais cet endroit ne recevrait plus de garnison.

Nous voici arrivés à Evreux, il est quatre heures après midi, nous allons, munis d'une lettre de recommandation, chez M. V..., père de l'un de mes bons amis, et marchand établi dans cette ville, rue du Gros-Horloge ; nous ne trouvons que Mme V..., bonne et excellente femme, mais économe comme la fourmi. Elle lut très attentivement la lettre, nous exprima ses regrets de ce que son mari ne se trouvait pas à la maison ; que, sans contredit, il aurait eu bien du plaisir à recevoir un ami de son fils, etc., mais, d'offres substantielles, point ; cela était clair, elle ne voulait pas introduire dans sa maison deux gaillards don chaque œil disait : faim et soif. Nous saluons, et nous gagnons une mince hôtellerie dans le faubourg, où, préalablement, nous étanchons la soif qui nous dévore, puis en attendant le dîner qu'on nous prépare, nous écrivons à nos parens et amis de Paris.

Nos lettres terminées, j'allais sortir pour les jeter à la poste, lorsque M. V..., en personne, se présenta devant nous ; ce brave et digne homme, plus hospitalier que sa compagne, nous avait cherchés dans toutes les auberges de la ville.

— « J'espère, messieurs, nous dit-il, que vous ne me ferez pas l'injure de demeurer ici, quand je puis vous offrir ma maison ; je ne souffrirai pas que des personnes aussi bien recommandées que vous l'êtes par mon fils, prennent gîte ailleurs que chez moi. »

Après quelques façons, nous acceptâmes,

comme on peut le penser, et cela avec beaucoup de satisfaction.

Nous voilà donc installés chez la bonne dame V..., qui du reste, fit les choses de fort bonne grace.

M.V... nous fit voir la ville, et nous conduisit dans une petite société épicurienne dont il était membre. Nous le quittâmes pour aller prendre un bain dans l'Iton ; puis revenus à la maison, nous trouvâmes un excellent souper, que notre hôte, dont la conversation était parfaite, nous fit prolonger assez tard. Quant à Mme V..., la bonne femme dormait selon son habitude aussitôt le dessert servi; elle ne se réveilla que pour nous indiquer la chambre où dans un lit très comfortable, nous passâmes la nuit.

D'Évreux à Lhôtellerie.

A cinq heures du matin, M. V... nous fit prendre un verre de ratafia, et nous conduisit jusqu'à Navarre, route de Caen ; là, nous nous séparâmes, en lui promettant sur ses instances de le visiter au retour.

Il s'agissait d'aller coucher dans un endroit appelé Lhôtellerie, situé à 16 lieues d'Evreux ; il fallait donc bien marcher et surtout mar-

cher vite, aussi ne nous arrêtâmes-nous qu'u-
ne heure à Thibouville, pour y dîner, (à nos
frais cette fois,) car le curé du lieu avait eu la
malheureuse idée d'aller demander la table
chez l'un de ses confrères du voisinage: c'est
là du moins, ce que nous dit sa gouvernante,
vieille femme très peu avenante, qui ne remarqua pas même le besoin que nous paraîs-
sions avoir de nous rafraîchir.

Au surplus, ces repas, comme celui du déjeûner quotidien, ne nous ruinaient pas : du
pain, un morceau de fromage, un pot de cidre, tout cela ne coûtait que cinq à six sous
par tête.

Il était neuf heures du soir, lorsque nous
atteignîmes le terme de notre course de ce
jour. Trois coups frappés à la porte du presbytère, — silence, — trois autres coups..., une
voix d'homme répond : « Qui est-là ? — Deux

jeunes séminaristes, etc.—«Connais pas, M. le curé dort, et à cause des Prussiens, on n'ouvre plus après le soleil couché; allez à l'Ecu, vous y serez bien... en payant. »

Il fallut bien suivre ce conseil, de quelque part qu'il vînt, car j'ai toujours pensé que c'était le curé lui-même qui nous l'avait donné.

En effet, on était fort bien traité à l'Ecu, table d'hôte, bon lit, le tout à raison de 25 sous par tête.

5 septembre.

De Lhôtellerie à Lisieux et à Caen.

Il y a encore seize lieues de Lhôtellerie à Caen, ce fut l'étape de ce jour.

Partis de grand matin, nous étions à Lisieux vers dix heures. La ville était encombrée par un régiment de soldats prussiens, qui faisait halte pour se rendre à Caen, lieu de sa destination.

Fort peu désireux de voyager en pareille compagnie, nous déjeûnâmes à la hâte, afin de les devancer de quelques lieues ; pendant ce court repas, un petit chien de l'espèce turque, de ces chiens qui n'ont de soies qu'à certaines places du corps, ce qui ferait croire qu'ils se sont échappés des mains du tondeur avant la fin de l'opération, ce petit chien, dis-je, était tenu en lesse par un soldat. Nous lui jetions des morceaux de pain et de fromage, qu'il attrapait avec l'adresse que donne la faim. Il me vint à l'esprit de délivrer ce petit animal du joug d'un maître qui ne paraissait pas tendre, et de nous donner par là le luxe d'un commensal. L'abbé approuve mon idée, aussitôt, prenant une pièce de 2 sous, je l'offre d'une main au soldat, en même temps que de l'autre, je saisis la corde qui retenait le chien ; ma pantomime fut comprise, la corde et le chien me sont abandonnés et mes deux sous entrent dans la poche du vendeur, tout cela sans prononcer un mot ; et, voilà comment nous nous adjoignîmes un compagnon de route.

Devinant peut-être au chétif repas qu'il avait partagé avec nous, qu'il ne trouvait pas un avantage immense en changeant de condition, Turc, c'est le nom que nous lui donnâmes, fit pendant deux lieues quelques difficultés pour nous suivre; il fallut que l'abbé le tînt en lesse, et que marchant derrière lui, je le menaçasse de mon bâton; cependant, arrivés dans un endroit tout à fait désert, nous lui rendîmes la liberté. Il réfléchit pendant cinq minutes, en regardant de tous côtés, puis il se détermina sans plus d'hésitation à nous suivre.

Il était nuit close quand nous entrâmes à Caen; nous soupâmes à l'auberge en gens qui n'avaient rien pris depuis le matin, cette fois encore c'était à nos frais; il avait été arrêté pour des motifs qui étaient personnels à L...,

que nous éviterions le clergé des grandes villes, ces motifs les voici :

L'abbé trouvait bon et sans inconvénient,
d'accepter la table et même le lit, chez les
pauvres curés des campagnes ; ces modestes
prêtres vivent et meurent dans la paroisse où
la volonté de leur évêque les a placés; on passe un moment avec eux, on ne les reverra
plus, tout est dit. Mais le clergé des villes,
c'est bien différent : le prêtre qui vit dans lo
monde est plus ambitieux, il rêve ou aspire
aux dignités sacerdotales, depuis l'aumusse du
chanoine, jusqu'à la tiare du Pontife-Souve-
rain ; dès lors, il choisit de préférence la société
des gens qui peuvent l'aider à s'élever. L'accueil,
qu'un pareil homme aurait pu nous faire, eût
trop ressemblé à une aumône, et L...., qui pré-
voyait son sort futur, (1) voulait éviter d'être

____

(1) L'abbé L...., ordonné prêtre en 1820, eut de

reconnu un jour, pour l'humble séminariste voyageur, quêtant l'asile et le pain, etc., etc.

Comme je n'étais pour rien dans tout cela, je proposai, puisqu'on devait fuir le haut clergé, la seule chose qu'il y eût à faire, c'était de ne point demeurer dans les grandes villes et d'aller dresser notre tente au village, ce qui fut dès lors observé.

---

grands succès comme prédicateur, il devint chanoine honoraire d'Orléans, puis curé de l'une des paroisses du faubourg Saint-Germain, à Paris, fonctions dans lesquelles il mourut à la fin de l'année 1835.

De Caen à Torigny.

Levés assez tard, il nous fallut réveiller Turc; ce pauvre animal n'était pas habitué à faire une route de 16 lieues, comme celle que nous avions faite la veille. Nous visitâmes, *incognito*, la ville et les églises de Caen, puis on se remit en marche.

De Caen à la mer, en se dirigeant sur la Manche, on parcourt la partie de la Basse-Normandie, appelée le Bocage; ce sont de charmans chemins couverts, bordés de haies vives, garnies de fruits sauvages qui nous parurent délicieux et qui firent parfois les frais de nos déjeûners.

Ainsi que tous les villages de cette contrée, Torigny ne s'aperçoit, au milieu des pâtis et des futaies, que par le clocher de son église ; le soleil était déjà couché, lorsque nous arrivâmes à la chaumière servant de presbytère ; le curé ne s'y trouvait pas. Sa sœur, jeune et fraîche paysanne, nous reçut parfaitement et se mit aussitôt à la recherche du pasteur.

A peine avions-nous eu le temps de remarquer l'extrême pauvreté du lieu, mais aussi l'ordre et la propreté qui y régnaient, que nous vîmes s'avancer vers nous le frère et la sœur; le premier, jeune homme à la mine ouverte et affable, m'épargna la moitié de mon antienne, en disant à sa sœur de faire en sorte de nous donner à souper et d'ajouter deux couverts à celui qui était déjà préparé pour lui.

—« Ce m'est une bien grande joie, nous dit cet

ecclésiastique, de trouver l'occasion de vivre quelques instans avec des condisciples, et de partager le peu que je possède avec vous, que j'aime déjà pour avoir choisi ma demeure; nous souperons longuement, puis vous passerez la nuit sous mon toit, ma table est frugale, le lit sera dur, mais à notre âge, tout cela passe.»

Une demi-heure après, nous étions tous trois à table, mangeant de bon appétit les mets les plus simples du monde : des œufs en omelette, des pois fricassés, une salade et du fromage de chèvre, le tout arrosé de cidre.

L...et le curé causaient de la vie de séminaire, de la rentrée des Bourbons, etc. Quant à moi, fidèle à ma consigne, je n'ouvrais la bouche que pour le service de mon estomac.

Le jeune prêtre remarqua ce silence laborieux, et croyant peut-être me faire une grande politesse, m'adressa en latin quelques mots qui signifiaient, à ce que me dit plus tard

L...., que, tout en rendant hommage à ma dis-
crétion, il désirait jouir de ma conversation
et m'invitait à prendre part à l'entretien. Mal-
heureusement, mon savoir n'allait pas jusqu'à comprendre ce qu'il me disait : la bouche pleine de pois, je regarde mon curé avec
des yeux démesurément ouverts, je me sens
rougir, je m'en prends à Turc qui faisait le
beau près de moi ; bref, je ne réponds pas.

L...., l'esprit toujours présent, me tire de là,
en disant à mi-voix au curé, que je suis encore au petit séminaire et que je n'ai encore reçu aucun des ordres mineurs, ce qui voulait
dire qu'à vingt ans j'étais en sixième, tout au
plus. C'était peu flatteur pour mon amour-
propre, mais le curé ne fit pas, ou n'eut pas
l'air de faire attention à cet anachronisme; au
contraire, il redoubla d'avances et de politesse,
et me laissa continuer un exercice qui n'é-
tait pas d'un savant, mais dont je m'acquittais
aussi bien qu'un autre.

Cependant la fin du repas arriva, et avec elle les confidences plus intimes du côté de notre hôte.

Une seule question, la plus simple de celles qu'on puisse adresser à un pasteur, de savoir s'il est satisfait du poste qui lui est assigné, provoqua une scène à laquelle nous étions loin de nous attendre, et dont le résultat put convaincre l'indulgent curé que, si je comprenais peu la langue latine, en revanche, j'entendais fort bien celle du cœur.

— « Mon cher abbé, répondit ce bon prêtre, je suis ici par la volonté suprême de mon évêque, je savais en arrivant dans cette commune, que mon prédécesseur avait eu à se plaindre de ses paroissiens ; je ne tardai pas à en connaître le motif, car je fus traité aussi mal qu'il l'avait été; j'écrivis à mes supérieurs, je demandai mon changement, il me fut répondu par une réprimande et par un refus ; je dus rester.

» Torigny avait pour curé, en 1793, un homme jeune encore, qui, dans la tourmente révolutionnaire, préféra l'apostasie à l'exil et à la persécution. Cet homme existe, il s'est fixé dans ce village, s'y est marié et est devenu riche ; trop conséquent avec lui-même, il ne peut pardonner aux pasteurs qui lui ont succédé, d'enseigner et de perpétuer les saintes doctrines qu'il a reniées ; sa fortune, qu'il augmente sans cesse par des spéculations que lui seul, en ce pays, peut entreprendre, le met à même de protéger et d'aid r ceux des habitans qui partagent ses erreurs, et, en même temps, il refuse travail et secours au petit nombre de ceux qui sont restés fidèles à leur croyance. De sorte que mon église est à peu près déserte : les enfans fuient mes instructions et m'injurient parfois. Enfin, je n'exerce véritablement mon ministère qu'auprès des mourans ; à cette heure suprême, les mauvaises passions n'ont plus d'empire, le chrétien se réveille ; il accueille avec bonheur l'espoir que son repentir lui fera trouver grace devant l'immense et paternelle miséricorde de Dieu. Hélas! la fosse recouverte, le mal reparaît jusqu'au jour où une autre ame en peine réclame mon assistance.

» Voilà trois ans que j'occupe cette cure, ce sont trois années d'outrages et de vexations; mon humble logis ne m'abrite même pas contre les lâches attaques dont je suis l'objet; ma sœur, un ange de douceur et de charité, n'a pu trouver grace devant ces misérables; il lui a fallu renoncer à entretenir une basse-cour, à cultiver quelques légumes, quelques fleurs : les animaux mouraient subitement, les plantes étaient bouleversées, arrachées dans une seule nuit.

» Dites-moi, messieurs! dites, mes amis! ne suis-je pas bien malheureux... » Les sanglots lui coupèrent la voix.

Attendris par le récit d'une infortune aussi

grande, nous nous précipitâmes dans les bras du digne prêtre, en mêlant nos larmes aux siennes.

La sœur entra en ce moment, cette bonne fille apportait le café qu'elle avait préparé en notre honneur.

— « Dieu ! qu'avez-vous, mon frère, s'écria-t-elle, en saisissant les mains du curé... Louis... réponds-moi... je t'en prie !... »
Ses yeux se portèrent ensuite sur nous, et, en nous voyant aussi émus que le prêtre :

— « Ah ! je devine... pauvre frère !... il vous aura raconté ses peines, le martyre qu'il endure... Voyons, Louis, remets-toi ! ils se lasseront, peut-être... déjà, tu le sais, on commence à te plaindre... et, de la pitié à l'affection, il n'y a pas loin... Allons, du courage !... »

Et la jeune fille pleurait comme nous.

Ce fut le curé qui, le premier, recouvra la

parole, et, prenant à son tour les mains de sa sœur :

— « Pardonne-moi, Claire ; oui, j'ai succombé, j'ai été faible ; je me suis plaint. Dieu m'est témoin que s'il ne s'agissait que de moi dans la lutte inégale que je soutiens, je supporterais mes peines, sinon avec courage, au moins avec la résignation du prêtre et du chrétien ; mais voir ton dévoûment pour moi, ta bonté pour tous, récompensés par l'ingratitude et les mauvais traitemens... c'est ce qui est au-dessus de mes forces... c'est ce qui m'accable ! »

Aidés par la sœur, nous réussîmes, cependant, à calmer cette grande et légitime douleur ; le souper finit tristement. On se sépara pour aller chercher dans le sommeil le repos dont chacun de nous avait besoin.

De Torigny à Saint-Lô, et de Saint-Lô à Périers.

Nous ne quittâmes Torigny qu'après avoir fait à son curé, ainsi qu'à la bonne Claire, les adieux les plus affectueux.

A midi, nous arrivâmes à Saint-Lô, où nous ne restâmes que le temps nécessaire pour y dejeûner, visiter la ville et écrire à Paris. Cela fait, la caravane se remit en marche pour ne s'arrêter qu'à Périers, gros bourg de la Manche. Il était sept heures du soir.

Cette fois, nous entrâmes dans un vrai et comfortable presbytère; servante accorte et des plus gracieuse. A la demande que je fis de parler à M. le curé, ce modèle des gouvernantes s'empressa de nous inviter à la suivre, et nous guida, un flambeau à la main, vers une chambre située à l'étage supérieur, où nous trouvâmes, couché dans un lit à la Louis XIV, un fort beau vieillard, malade de la goutte.

Ma ritournelle achevée, ce curé nous dit avec une voix de Lablache :

— « Parbleu ! messieurs, vous venez fort à propos pour distraire un pauvre malade qui s'ennuie à la mort. L'auberge que vous cherchez sera ma maison, s'il vous plaît, et Geneviève va faire en sorte que vous ne regrettiez pas de m'avoir donné la préférence. — Allons, ma fille, dressez le couvert, là, près de mon lit. Soignez votre menu, et apportez quelques bouteilles du petit tas que vous savez.»

Quel accueil! et que ces paroles avaient de charmes! Aussi, pour la première fois, L... supprima-t-il ses façons ordinaires. Une fois à table, nous répondîmes par un langage muet, mais très significatif, à la cordiale invitation qui nous était faite; notre appétit, qu'excitaient mieux qu'à Torigny les mets que nous avions sous les yeux, fut vraiment remarquable. Deux services bien conditionnés, du fin et vieux bourgogne, vin de Grave au dessert, café comme on en prend chez Foy, liqueur, en un mot, franche lippée, lippée complète.

Pendant le repas, le curé nous apprit qu'il avait fait la guerre en Vendée, dans le corps d'armée que commandait le marquis de Les-

cure, et il s'en vantait avec orgueil. Lorsque
ce général, blessé à mort au combat de la Trem-
blaye, fut rapporté au camp, ce fut à lui que
le mourant s'adressa pour recevoir les secours spirituels et pour transmettre ses der-
nières volontés.

Le curé aimait à raconter ; il le faisait avec
esprit, et ne s'interrompait que pour remplir
son verre, et cela assez fréquemment.

Geneviève, qui savait fort bien que la goutte
'arrangeait mal de ce régime, hasardait par-
ci par-là quelques observations auxquelles le
vieux Vendéen ne répondait pas ; cependant, il
finit par s'en lasser :

—« Taisez-vous, ma bonne ; vous n'y enten-
dez rien. Croyez-vous qu'à mon âge je vais
me mettre à boire de votre détestable cidre,
pour me guérir, dites-vous ? Ah bien oui ! la
maladie que j'ai, ma fille, c'est d'avoir soixan-

te-dix ans sonnés, et celle-là n'est pas guéris-
sable. Or donc, si le vin, comme vous me le
cornez aux oreilles, est moins efficace que
cette autre boisson, il a le mérite de me plaire
davantage....

Puis, d'un ton plus doux :

— « D'ailleurs, Geneviève, j'en use sobre-
ment...»

Ce raisonnement n'était pas très logique, et
le curé, malgré cette sobriété dont il se vantait, ne prouvait pas du tout qu'il l'observât
exactement.

Quand nous sortîmes de table, nous étions
sinon gris, du moins très animés; jusqu'à
Turc, qui, peu habitué à semblable festin, s'é-
tait établi sur le lit du maître, afin de digérer
plus à l'aise.

Après avoir souhaité une bonne nuit à notre

hôte, Geneviève, armée des deux flambeaux
d'argent qui garnissaient la table, nous conduisit dans une belle chambre à deux lits à
baldaquins et à rideaux de damas rouge, le
meuble de la même couleur, tapis, etc. Elle
nous laissa une veilleuse, du sucre, des che-
mises pour changer, et le bonnet classique de
la Normandie. Notre sommeil fut ce qu'il devait être, complet et réparateur. Sans une in-
disposition de Turc, qui, victime de son intem-
pérance, demanda à sortir de bon matin, nous
serions, je crois, restés couchés jusqu'à l'heure
du repas de la veille.

8 septembre.

De Périers à Lessey, et de Lessey à Coutances.

L'excellent curé de Périers avait donné des ordres pour qu'on nous servît à déjeûner, lorsque nous serions revenus de la première messe, que célébrait, en sa place, un de ses confrères. Nous obéîmes aveuglément à sa volonté ; et, après cela, il ne nous restait plus qu'à prendre congé d'un hôte aussi aimable.

Geneviève nous fit entrer. Le pauvre homme souffrait beaucoup. Les vins généreux avaient fait leur effet. Il ne les accusa pas, cependant ; mais il évitait, en se plaignant, de regarder sa gouvernante en face.

Nos adieux terminés, nous partîmes bien lestés, avec le projet de gagner Lessey à l'heure de la grand'messe, de présenter nos salutations au curé (la Providence devait se charger du reste), et enfin, d'aller coucher à Coutances.

A quelques pas de Périers, Turc reçut une cruelle leçon. Depuis deux jours, son humeur, de paisible et humble qu'elle était, avait changé, par suite apparemment de la nourriture succulente des curés ; il était devenu turbulent, aimait à folâtrer avec les poules et à poursuivre les oies et les canards. Or, comme nous l'avions perdu de vue un instant, nous entendîmes des cris de détresse ; nous suivons la voix, et, arrivés devant la cour d'une métairie, nous voyons notre chien couché sur le dos, et recevant les coups de bec d'un énorme coq, qui, sans doute, avait trouvé les allures du chien trop familières ; un coup de bâton délivra la victime, qui s'en revint vers nous l'oreille basse et la tête ensanglantée. Depuis lors, il respecta les basse-cours.

Avant d'arriver à la Lande, au-delà et au bord de laquelle est situé Lessey, on traverse un petit bois qui termine de ce côté le Bocage normand. Nous pensâmes que pour paraître dans une église, en plein jour, le dimanche, il était nécessaire de soigner notre toilette, et de tirer le meilleur parti possible de notre garderobe.

Nous avisâmes un petit ruisseau qui coupait le chemin. En remontant vers sa source nous trouvâmes ce que nous cherchions : ombrage touffu, eau limpide, gazon épais, etc.

Apiès avoir examiné minutieusement nos effets, les avoir battus, brossés, puis recousu çà et là un bouton, repincé une maille, L... me pria de le raser. Sa barbe, assez forte, était restée inculte depuis notre départ ; sa tonsure, cet utile passeport, devenait douteuse. Sans hésiter, je pris le rasoir ; et, bien que ce fût mon coup d'essai sur le prochain, j'attaquai bravement le menton de l'abbé. La barbe faite, je continue mon œuvre, et,

La tonsure à son tour, étale en liberté,
Dans un disque parfait, sa chaste nudité.

Presque imberbe à cette époque, je mis moins de temps à faire ma toilette. J'en profitai pour donner un air de propreté à notre ami Turc; il en avait besoin aussi bien que nous : deux ou trois plongeons dans le ruisseau, un coup de brosse, le premier, peut-être qu'il eût reçu, en firent, non pas un beau chien, mais un serviteur digne de ses maîtres.

Rafistolés le mieux possible, nous reprîmes notre route. En sortant du bois, nous entrâmes dans la Lande, et nous vîmes au loin se dessiner sur la mer la silhouette de l'église de Lessey, grand et bel édifice, reste d'une ancienne et célèbre abbaye de Bénédictins.

Le dernier coup de la grand'messe sonnait. Lorsque nous passâmes devant les premières maisons du bourg, il était onze heures : les fidèles s'acheminaient vers le temple.

Nous entrons, et nous nous plaçons audacieusement dans les stalles du chœur, l'un à la droite, l'autre à la gauche du lutrin. Tous les regards se fixèrent sur nous. Evidemment, on cherchait à deviner quels étaient ces étran-

gers dont le costume laïque s'accordait si peu
avec le signe clérical que portait l'un d'eux.
Le célébrant et ses deux assistans faisaient
face à l'autel, ils ne pouvaient nous voir,
mais ils allaient nous entendre.

La messe commença; aussitôt deux voix
claires et sonores couvrirent les voix che-
vrottantes et fausses des choristes gagistes
ou amateurs de la paroisse; ces braves gens,
étonnés, eurent le bon sens de ne pas lutter
avec des poitrines jeunes et exercées; ils se
contentèrent de nous suivre tout bas. Ainsi, ne
nous approchant du lutrin que pour y déchiffrer
l'office propre du jour, nous chantâmes à nos
places les parties de l'office du dimanche que
nous savions parfaitement, telles que le *Ky-
rie eleison*, le *Gloria in excelsis Deo*, le *Credo*,
le *Sanctus*, l'*O Salutaris hostia*, l'*Agnus
Dei*, etc.

La bénédiction donnée, nous fîmes une

courte prière, puis nous sortîmes lentement de l'église.

Nous devions, comme je l'ait dit, visiter le curé avant de nous remettre en route; il s'agissait de remplacer le déjeûner de Périers, et, à cet effet, je cherchais dans mon imagination une petite variante à mon allocution ordinaire, attendu que dans un pays, qui n'est pas traversé par une grande route, il n'y a danger pour personne, pas même pour des séminaristes, d'entrer dans un bouchon pour s'y rafraîchir; je cherchais donc et ne trouvais rien qui appelât ce que je voulais, c'est-à-dire le dîner, lorsque l'abbé, mieux inspiré, me dit :

— « Allons-nous-en, et prenons le chemin de Coutances; seulement, ne nous pressons pas. »

— « Comment! mais tu n'as donc pas envie de dîner, toi? »

— « Si fait, et une furieuse envie, je t'assure, c'est pour cela que je t'invite de nouveau d'aller doucement, et tu vas voir. »

— « Soit, marchons doucement. »

Nous détournions le coin de la place où est située l'église, quand nous entendîmes une voix, puis plusieurs, crier : — Messieurs! messieurs ! — Persuadé que ce ne pouvait être de nous qu'il s'agissait, je suivais lentement L...., qui, avec un calme parfait, marchait toujours, mais en ralentissant le pas. Enfin, un homme, haletant et criant, vêtu d'une robe mi-partie jaune, mi-partie verte, nous rejoignit et se plaça devant nous :

— « Bon Dieu, messieurs, que vous me faites courir! Voilà dix minutes que je vous appelle... M. le curé désire vous voir et vous parler... »

La joie me remonta au cœur.

L..., avec une politesse majestueuse, répond à ce bedeau que nous sommes aux ordres de M. le curé, et nous suivons allégrement le messager.

— « Heim, me dit l'abbé, crois-tu à présent que nous dînerons ? »

— « Bien joué ! » répondis-je.

En cinq minutes, nous nous trouvâmes chez M. Lamy, curé de Lessey, homme de 50 ans, d'une belle prestance et d'un visage comme j'aimais à en rencontrer ; deux prêtres et deux autres personnes, des métayers des environs, complétaient la société.

. En nous voyant, M. Lamy s'avança vers

nous, nous embrassa avec effusion et nous dit :

— « Comment est-il possible que des jeunes gens, qui paraissent être dans les ordres, qui ont édifié ma paroisse par leur science comme par leur piété, n'aient pas eu la pensée de se présenter à mon Presbytère, non pour recevoir des remercîmens, mais au moins pour que je sache à qui je dois une des belles journées de ma vie ?... »

L'abbé répondit de belles choses que depuis j'ai oubliées, raconta à sa manière le but de notre voyage, *volontairement* pédestre, et finit par dire que la crainte seule d'être indiscrets nous avait empêchés de nous présenter chez lui ; que d'ailleurs, il nous restait à peine le temps de gagner Coutances, où nous étions attendus le soir même.

— « Oh bien ! dit le curé, si vous n'avez pas

de meilleures raisons à me donner pour partir aussitôt, je vous retiens à dîner avec ma compagnie, que voici ; vous serez libres après de partir, et je vous assure qu'avant le coucher du soleil vous serez rendus à votre destination. Vous acceptez ; c'est entendu. Nous allons nous mettre à table. »

L... répondit encore de ces mots qui expriment le contraire de ce qu'on pense, comme il est d'usage parmi les gens bien appris.

Enfin, on passa dans une belle salle à manger, de laquelle on apercevait la mer ; le curé nous fit mettre à ses côtés ; les quatre autres convives s'assirent. Alors commença un festin de Balthazar. Les métayers avaient apporté le gibier et la marée ; point de cidre, mais du vieux bordeaux qu'on trempa fort peu, des vins d'entremets blancs et rouges qu'on ne trempa pas du tout ; le reste à l'avenant.

Tout le long du repas nous fûmes assaillis par une avalanche de complimens : c'était à qui nous porterait des santés.

Le curé et les deux ecclésiastiques, plus sobres que les campagnards, auraient bien voulu que nous restassions aux vêpres, sauf à coucher au Presbytère ; mais, sur notre refus formel, ils furent les premiers à nous engager à reprendre la route.

Nous levâmes le siége ; toute la société nous accompagna jusqu'à l'entrée de la Lande dite de Lessey, dont la longueur est de plusieurs lieues et forme le littoral de la Manche.

Nous embrassâmes et nous fûmes embrassés pour nos adieux ; puis, nous nous dirigeâmes vers Coutances, avec des jambes fermes et souples comme l'acier, les pattes de Turc y comprises.

Coutances et Granville.

M. le curé de Lessey ne nous avait pas trompés, les derniers rayons du soleil couchant éclairaient la superbe lanterne de la cathédrale de Coutances, lorsque nous fîmes notre entrée dans cette charmante ville.

Là, nous n'avions plus à chercher un gîte, et de ce moment je redevins laïque.

L... était attendu par un de ses camarades du séminaire, dont la famille nous accueillit fort bien. Nous fûmes hébergés, fêtés, promenés jusqu'au surlendemain matin, mardi, par ces aimables gens, que nous quittâmes pour nous rendre à Granville, terme de notre voyage sur terre.

Le même jour, à cinq heures du soir, nous étions établis dans une auberge de matelots, sur le port et vis-à-vis la jetée de Granville.

Malgré la fatigue de la journée, nous restâmes fort tard à contempler la mer, spectacle tout nouveau pour nous et pour Turc, qui, à en juger par l'effroi que lui causait le bruit des vagues, montrait qu'il aurait peu de goût pour les courses maritimes.

11 sep'embre.

Granville.

En me réveillant, je m'empressai d'aller au
bureau des Messageries retirer mes effets, ensuite je m'enquis d'un bateau pour effectuer
notre passage à Jersey. Je trouvai notre affaire
en m'adressant au patron d'une barque qui
partait le lendemain, jeudi, à six heures du
matin.

Je revenais leste et joyeux retrouver l'abbé

que j'avais laissé dormant à l'auberge. J'appris qu'il était sorti, puis revenu, et qu'après avoir laissé un mot pour moi, il était reparti de nouveau; dans ce mot, il m'apprenait que « *se rappelant qu'un de ses confrères était en vacances dans cette ville, rue*... il était allé le voir, et qu'il m'engageait à venir l'y rejoindre, » ce que je fis sur-le-champ.

En effet, je trouvai mon compagnon de route installé dans une maison fort propre, et se préparant à partager le déjeûner de ses nouveaux hôtes; on m'invita à prendre place, j'acceptai, et ce fut le dernier repas que je pris dans la compagnie de L....

Lorsqu'on se leva de table, l'abbé me prit à part, et me dit avec son plus charmant sourire :

—« Mon cher G..., réflexions faites, je n'irai

pas à Jersey, la mer est chose belle à voir, mais elle m'effraie un peu; ensuite, qu'irais-je faire à Jersey ? Mon habit chez des protestans ne serait pas de mise, je pourrais gêner les amis chez lesquels tu dois demeurer, et puis je te dirai que, le camarade ici présent va passer quinze jours à Caen, et qu'il m'offre sa compagnie et sa voiture jusque là. »

— « Tu aurais bien dû commencer ton discours par la fin, lui répondis-je, cela t'aurait évité de faire de la diplomatie avec moi; au surplus je ne te retiens pas; quand pars-tu ?

— » Dans une heure.

— » Faisons nos comptes : Nous avons dépensé 15 fr. à nous deux depuis Paris, ôtons ces 15 fr. de 52 fr., capital social: reste 37 fr., voici 18 fr. 50 c. pour ta part. Reste Turc que nous ne pouvons partager, garde-le, je craindrais que le chien ne fît comme l'ami, qu'il regrettât de m'avoir suivi. »

Nos adieux furent courts, mais tristes. Blessé au fond du cœur de cet abandon calculé, je dissimulai, pour la première fois, la peine que je ressentais, et l'abbé put croire que je le quittais sans éprouver plus de regrets que lui-même n'en paraissait avoir de cette séparation.

Resté seul, je pleurai, et, s'il faut dire toute la vérité, le chien me tenait plus au cœur que l'homme. Ce pauvre animal revint, je ne sais combien de fois, vers moi, comme pour m'engager à reprendre la route de Paris; il semblait lutter entre ses deux affections; toutefois, il se décida en me voyant gagner le bord de la mer. Son antipathie pour l'eau l'emporta sur l'attachement qu'il montrait pour moi.

Le reste de la journée me sembla long; la

mer était houleuse et bruyante (nous approchions de l'Equinoxe); je pris un maigre repas dans mon humble hôtellerie; puis j'allai visiter la ville et son église, qui est merveilleusement située sur un rocher gigantesque formant promontoire sur la mer.

En sortant du temple, je tournai l'édifice, et, m'arrêtant à son chevet, je me trouvai à l'extrémité du rocher, ayant la mer à cent pieds au-dessous.

Je vis le soleil se coucher dans l'Océan, et la lune, qui était pleine alors, lui succéder et offrant un genre de spectacle aussi ravissant.

Tout près de moi était assis un homme âgé, d'un extérieur honnête, et dont la mise annonçait un état voisin de l'indigence. Cet homme, en me voyant regarder attentivement l'espace, me dit :

— « Je parierais, monsieur, que vous n'avez pas souvent vu la mer, ni une aussi grande étendue de ciel. »

Sur ma réponse affirmative, et après avoir exprimé mon admiration, il reprit :

— « Je trouve cela d'autant plus naturel, que moi, vieux marin, qui pendant plus de soixante ans ai navigué sur toutes les mers du globe, je viens ici chaque jour m'asseoir à cette place, pour jouir d'un spectacle qui me semble toujours nouveau; et ce n'est pas de ma part, croyez-le bien, monsieur, une action oiseuse. Oh non ! c'est que j'y trouve la force qui m'est nécessaire pour supporter la vie.»

Le bon homme m'apprit qu'il avait été long-temps patron d'un navire de commerce, et qu'au moment de réaliser le fruit de ses travaux, un naufrage avait englouti ses espérances; il n'avait plus pour vivre qu'une faible pension que lui faisaient les armateurs du port.

«—J'ai perdu ma fortune, me dit-il, mais je suis seul au monde, et, du moins, personne ne partage avec moi ma misère. Quand le chagrin me gagne, je viens, comme je vous le disais, m'établir sur ce roc; je contemple l'immense tableau qui se déroule devant moi; mes yeux cherchent à y découvrir le centre inconnu où le Tout-Puissant siége dans sa gloire. Trône éclatant!... d'où les astres lumineux empruntent la chaleur qui vivifie les mondes soumis comme eux à des lois éternelles! Ces mondes, dont le nombre dans l'espace infini doit être plus grand que celui des grains de sable qui roulent sur notre terre!

» Que suis-je au milieu de cet abîme de grandeurs ?...

» Un souffle, un atôme !...

» Plus mon abaissement devient profond , mieux alors j'apprécie la plus précieuse des facultés que Dieu ait donnée à l'homme, celle de le comprendre et de l'adorer dans ses œuvres.

» Et je me dis, avec un juste orgueil, que cette faculté divine, en nous renfermant dans notre humilité, nous donne la certitude d'être en rapport direct avec le Souverain-Maître de toutes choses; que, confians dans sa suprême sagesse , et surtout dans sa bonté paternelle, nous devons, en attendant tout et en acceptant tout de lui, récompense ou châtiment , recevoir l'une avec reconnaissance , supporter l'autre avec résignation. »

Si ce ne sont pas là les termes dont se servit le vieux marin, c'en est certainement le sens.

Dans la disposition d'esprit où je me trouvais depuis le matin, je me sentis rafraîchi en entendant cette profession de foi d'une philosophie toute chrétienne.

Je pris congé du vieillard et je retournai à mon logis en méditant les paroles que je venais d'entendre, et en me promettant de ne jamais les oublier.

Du 12 au 21 septembre.

Jersey.

Le 12 au matin, on m'éveilla à cinq heures;
un soleil brillant illuminait le port et la rade.
J'avais une heure devant moi ; je l'employai,
sur le conseil de mon hôte, ancien matelot
réformé (vieux farceur qui s'était moqué de
moi), à faire emplette, chez un pharmacien,

d'un breuvage qui, selon lui, devait me pré-
server du mal de mer.

J'ajoutai donc à mon bagage une bouteille
de grès contenant une pinte de je ne sais plus
quoi, mais qui me coûta 3 francs.

On m'embarqua, moi et mon attirail, dans
une barque, afin d'aller reprendre le gros-
sier et lourd bateau qui, à cette époque,
faisait le service que font à présent d'élégans
navires à vapeur.

Nous accostons. Je tends au matelot du bord
paquet et bouteille, puis je grimpe, à l'aide
d'une corde, le long du flanc du bâtiment;
j'escalade le bordage, et dans ce mouvement,
d'un coup de pied j'envoie dans la mer ma
bouteille, que regardait d'un œil de convoi-
tise le matelot, qui, lui, n'avait pas bougé de
place.

J'étais furieux et désolé. Le pauvre garçon paraissait tout contrit ; mais lorsque dans ma naïveté parisienne, je lui appris ce que contenait le vase, il partit d'un éclat de rire si bruyant, que le capitaine et les passagers vinrent vers nous pour connaître la cause de cette gaîté.

Oh ! alors, ce fut à qui me ferait son compliment de condoléance sur tous les tons de l'hilarité normande (le Normand est très gouailleur). Je me tus ; c'est ce que je pouvais faire de mieux ; et, tout penaud, j'allai m'asseoir sur la banquette circulaire, attendant le mal, que je ne pouvais plus prévenir.

Ce mal vint en effet, au bout d'une heure ; le vent s'éleva, la mer devint grosse et le roulis fatiguant ; mon cœur se mit au niveau de la tourmente, cela produisit des résultats trop connus pour les décrire, et que, du reste, je ne fus pas seul à partager.

Le vent s'apaisa, le soleil reparut plus brillant que jamais, et avec lui la santé de l'équipage.

Vers deux heures après midi, on entra dans la rade de Saint-Hélier, capitale de l'île de Jersey.

Débarqué peu de temps après, j'arrivai d'un bond chez M. Roissier... Hélas ! la plus cruelle des déceptions m'attendait là. Il y avait à peine quinze jours que la mort l'avait enlevé à sa famille.

Mon premier mouvement fut de me rembarquer le jour même, afin de ne pas troubler une affliction aussi grande ; mais le père du défunt, sa veuve, n'y voulurent pas consentir, ils exigèrent que je demeurasse quelque jours avec eux.

Je restai jusqu'au jeudi suivant, 21 septembre, au milieu de cette malheureuse et désolée famille, qui se composait de la veuve Roissier, de son enfant, encore à la mamelle, de son beau-père et de sa belle-mère, et de deux frères de son mari. Ces derniers, jeunes gens de mon âge, me firent les honneurs de la ville avec une grace charmante : promenades à cheval, excursions dans les différentes contrées de l'île et dans les forts, qui sont nombreux et redoutables; visite à la grotte du saint Ermite qui a donné son nom à la ville; enfin, ils me procurèrent toutes les distractions qu'ils purent imaginer.

En mer.

Ce fut donc le jeudi 21 septembre que je repris la mer, pour revenir en France.

Embarqué à six heures, par un beau temps, nous fîmes assez lestement deux lieues environ, après quoi le vent cessa tout à coup, et un calme plat nous retint en vue de Jersey, jusque bien après le coucher du soleil.

Ce fut une journée pénible ; la chaleur était accablante ; mais le pis, c'est que, croyant n'avoir que pour quelques heures de traversée, je ne possédais en provisions de bouche qu'un morceau de pain beuré; cette bouchée avalée, la faim se fit sentir peu de temps après, et plus rien pour la satisfaire. J'essayai alors d'user du proverbe qui prétend que : *Qui dort dîne.* Je m'étendis sur un paquet de cordages, en mettant la grande voile, alors immobile, entre le soleil et moi ; puis j'appelai le sommeil...

Efforts superflus ! je ne dormis pas ; mais j'aperçus, à six pas de moi, une famille anglaise, gens très prévoyans, comme on le sait, qui, avec une méthode et une gravité parfaites, se préparaient à tirer parti du contenu d'un vaste panier, dont je vis sortir successivement pâté, volaille, jambon, vin cacheté et autres bouteilles, dont la forme veut dire rhum ou madère.

Dire à mes yeux de se fermer devant un

pareil étalage, c'était les provoquer à une dés-
obéissance complète; ainsi firent-ils.

« C'est par les yeux que tout s'exprime, »

dit la chanson, et les miens, on peut le penser, disaient des choses tellement éloquentes,
qu'elles déterminèrent l'un des convives à se
lever et à m'offrir un morceau de pâté, accom-
pagné d'un grand verre rempli de madère, le
tout avec une invitation faite en anglais,
langue que je ne comprenais pas du tout. Je
laissai encore à mes yeux le soin de remer-
cier du présent qu'ils avaient si bien convoité.
Ils firent bien, je dois le croire, car un sourire
de contentement illumina comme une éclair
le visage de l'Anglais.

L'estomac bien garni, je corrigeai le proverbe menteur, et je me dis : *Qui a dîné, dormira.*

Je dormis, en effet, jusqu'à cinq heures du matin, heure à laquelle nous touchâmes à Granville. Il avait fallu vingt-quatre heures pour faire un trajet qu'on fait aujourd'hui en moins de deux heures ; le vent ne s'était fait sentir que vers une heure de la nuit.

Aussitôt mon arrivée à Granville, je remis mon paquet aux Messageries, puis, sans séjourner davantage dans cette ville, je me remis en marche pour un village appelé Mesnil-Rogues, à six lieues environ au-delà de Granville, lieu où résidait un riche propriétaire, M. Guidon, correspondant de feu mon ami M. Roissier. J'avais fait sa connaissance à Paris; il avait été reçu chez mes parens, et ce monsieur m'avait engagé à passer chez lui en revenant de Jersey.

J'arrivai donc dans l'après-midi dans une grande et belle ferme, comme il s'en trouve beaucoup dans cette contrée, au milieu d'une famille nombreuse, où je fus reçu comme un ami.

Je restai dans cette maison jusqu'au 28, c'est-à-dire six jours, à ne faire autre chose que quatre repas par jour, à me promener dans les environs; et, le soir à la veillée, autour de l'immense cheminée du parloir, j'écoutais les contes fort drôles du vieux curé, et les histoires de loup-garrou narrées et tant aimées par les paysans.

Le 28, au point du jour, M. Guidon me fit la conduite jusqu'à la chaussée qui mène à Ville-Dieu, chemin que je comptais suivre jusqu'à Paris, afin de ne pas repasser par celui que j'avais tenu avec L...

Après avoir pris congé de mon guide, je me remis gaîment à marcher ; je fis, comme à l'ordinaire, une assez longue traite sans m'arrêter ; mais, soit que le repos dont j'avais joui pendant plusieurs jours eût engourdi mes jambes, soit que j'eusse pressé le pas outre mesure, il m'arriva ce qu'on appelle un coup de fouet ; force me fut d'aller doucement en boitant, et cela au milieu d'une lande dépourvue d'habitations.

La Providence me vint en aide ; le bruit du trot de plusieurs chevaux parvint à mon oreille, je me retourne, j'attends, et je suis rejoint par une cariole attelée d'un cheval à laquelle étaient attachés cinq à six petits chevaux d'assez maigre encolure ; l'homme qui conduisait la voiture m'adressa le premier la parole, en me demandant quelle était la cause qui me faisait boiter ; je lui expliquai mon affaire. Aussitôt, il me proposa de monter à poil l'un de ses bidets et de faire route ensemble jusqu'à Dreux.

— « Je vais à la foire de Dourdan, ajouta-t-il, vendre mes bêtes ; je vous dirais bien de monter dans la cariole, mais outre qu'elle est pleine, j'y ai placé mon gars qui est malade. »

J'acceptâi, comme on peut le croire, une invitation qui m'était faite si à propos, j'enfourchai la moins maigre de ces haridelles, nous partîmes au petit trot, pour ne nous arrêter que le soir, au lieu où nous devions passer la nuit, un peu au-delà de Vire.

Dire ce que je souffris de cette première course de huit lieues, je ne l'entreprendrai pas.

On s'arrêta devant une masure appuyée sur un vaste hangar, où les bêtes furent logées avec beaucoup d'autres, arrivées précédemment.

Nous entrons dans le bouge, et, la voix haute, mon conducteur demanda si le souper était prêt.

— Oui, tout-à-l'heure, lui fut-il répondu. Ce tout-à-l'heure m'effraya, car je ne voyais d'autres préparatifs de repas qu'un énorme chaudron qui pendait à la crémaillère.

Plusieurs voyageurs de la même apparence que nous, entrèrent dans le logis, et s'assirent en rond sur des escabeaux ; l'hôtesse, alors, décrocha son chaudron et le posa au milieu du cercle, après quoi elle distribua à chacun une cuiller de fer et dit : — « Voilà. »

Je compris que cette table d'hôte était servie et que son menu se composait d'un seul plat, le chaudron ; il contenait de la bouillie de sarrazin (dit blé noir) dont je pouvais, comme tout le monde, prendre ma part en me brûlant ; je ne pouvais choisir, je soupai !... c'est-à-dire que j'avalai une certaine quantité de ce brouet noir et je bus deux verres d'un cidre détestable.

On se leva pour aller chercher des lits qui valaient le repas ; les uns partagèrent la litière de leurs chevaux, les autres, et je fus du nombre, grimpèrent dans un grenier au-dessus du hangar, où se trouvait de la paille froissée, recouverte de toile à sac; de couverture, point ; je m'introduisis dans l'intérieur de ce fumier, et ma foi, je dormis comme on dort à vingt ans.

Nous nous remîmes en route le matin de bonne heure, le prix qu'on me demanda pour mon séjour dans cette cabane était au niveau du comfortable qu'on y trouvait, le repas et le coucher coûtaient deux sous ; ce n'était pas cher, mais vraiment cela ne valait pas da vantage.

Remontés sur nos bidets, nous fîmes ce jour-là et les suivans, c'est à-dire pendant trois jours, en passant par Argentan, Laigle et Verneuil la répétition de ce qui précède, sauf le 30, dimanche soir, à Dreux, où nous descendîmes dans une hôtellerie sortable. Un bon souper et un lit véritable réparèrent la fatigue que m'avait causée l'exercice du cheval.

Ce fut à Dreux, que je quittai mon compagnon de voyage, ce brave homme se montra sensible à un très léger cadeau que je fis à son fils, et nous nous séparâmes très satisfaits l'un de l'autre.

Dernière journéc.

De Dreux à Paris on compte vingt lieues ;
j'entrepris de faire ce trajet dans la même
journée et de coucher dans mon propre lit ;
je n'avais pas de temps à perdre, et sauf un
léger déjeûner à Houdan, un potage à Pont-
chartrain, je ne m'arrêtai qu'à Paris, où j'arrivai à neuf heures du soir, mais seulemen
la place Louis XV.

Là, une dernière tribulation m'attendait :
la semelle de l'un de mes souliers quitta son
empeigne ; il fallut prendre un fiacre pour me
conduire chez mon père, qui, à cette époque,
demeurait près de la Villette.

Prélèvement fait de mes frais de voyage, du
prix de quelques quincailleries anglaises, que
je rapportais à ma mère et à ma sœur, je revenais avec cinq francs dans ma poche.

J'ai fait depuis cette époque quelques voya-
ges agréables, et certes plus coûteux que ce-
lui-ci ne l'a été ; mais ils sont loin d'avoir
laissé dans mon esprit des souvenirs aussi
vifs et aussi durables.